초등학생의 진로와 직업 탐색을 위한
잡프러포즈 시리즈 33

중등교사는 어때?

차례

중등교사 김선미의 프러포즈

- 중등교사 김선미의 프러포즈 … 10

중등교사는 누구인가요?

- 중등교사는 누구인가요? … 15
- 중고등학교엔 다양한 과목의 선생님이 있어요 … 16
- 교육 과정에 맞춰 과목에 대한 기본 교양을 가르쳐요 … 17

중등교사가 되려면

- 사람 만나는 것을 좋아해야 … 21
- 유연한 생각은 교사의 중요한 덕목 … 22
- 교사가 맞지 않는 사람도 있어요 … 24
- 봉사활동으로 적성을 알아보아요 … 25
- 사범대학, 또는 관련학과가 있는 대학에 진학해요 … 26
- 준비되었다면 교원 임용시험에 도전! … 28
- 과목에 따라 뽑는 인원이 달라요 … 30

중등교사가 되면

- ☺ 교사의 기본 업무는 수업 준비 … 35
- ☺ 교사용 지도서는 참고할 뿐 … 36
- ☺ 학생들과 소통하기 … 37
- ☺ 행정업무와 상담도 교사가 할 일 … 38
- ☺ 공무원법을 따르는 중등교사 … 40
- ☺ 평등한 교사의 세계 … 41
- ☺ 교사의 하루 … 43

중등교사의 매력

- ☺ 학생들과 만나 미래를 얘기하는 매력 … 49
- ☺ 학생들에게 도움을 줄 때의 뿌듯함 … 51
- ☺ 수업에서 학생들과 공감을 이뤄낼 때의 기쁨 … 52

중등교사의 마음가짐

- ☺ 선생님도 미숙한 시절이 있어요 … 55
- ☺ 동료 교사를 보며 힘을 얻기도 … 57
- ☺ 교사만의 습관과 어려움도 있어요 … 59
- ☺ 스트레스는 동료 교사들과 수다로 풀어요 … 60

중등교사의 미래

- ☺ 학생 수의 감소는 현실이 되었어요 … 65
- ☺ 정보가 넘치는 시대, 교육의 방향이 바뀔 거예요 … 66
- ☺ 학교도, 교사의 역할도 변화할 거예요 … 67

중등교사 김선미를 소개합니다

- ☺ 꿈 많은 어린 시절 … 73
- ☺ 질문, 또 질문, 알 때까지 질문하는 학생, 선미 … 74
- ☺ 선생님이 좋아서 선생님이 되기로 … 75
- ☺ 국악 동아리 활동이 즐거웠던 대학시절 … 76
- ☺ 임용시험에 떨어지고 좌절하기도 … 77
- ☺ 대학원에서 지식과 관심의 분야를 넓혔어요 … 79
- ☺ 교사로 퇴임하는 꿈을 꾸어요 … 81

10문 10답

☺ 교사라는 직업은 왜 인기가 많을까요? … 85
☺ 이 직업을 잘 표현한 작품은 무엇이 있을까요? … 86
☺ 교사들은 방학을 어떻게 보내나요? … 88
☺ 외국의 교사와 차이가 있나요? … 89
☺ 요즘 학생들이 열심히 하는 활동은 무엇인가요? … 90
☺ 기억에 남는 학생이 있다면? … 92
☺ 변화하는 시대에 교사는 어떻게 대응하는 게 좋을까요? … 93
☺ 교사라는 직업은 언제부터 있었을까요? … 94
☺ 학교폭력에는 어떻게 대응하나요? … 95
☺ 학교를 그만두고 싶은 학생에게 조언한다면? … 97

교사가 학생에게

☺ 책을 많이 읽어요 … 101
☺ 책상에 오래 앉아 있는 연습을 해요 … 102
☺ 잘 먹고 잘 자야 해요 … 103
☺ 자신의 재능을 찾아요 … 104
☺ 교육받는 건 의무가 아니라 권리예요! … 105

중등교사의 일터 스케치

☺ 중등교사의 일터 스케치 … 109

중등교사 김선미의 프러포즈

'자기답게 빛나라'

처음 담임이 되었을 때 교실 칠판 앞에 걸어두었던 급훈이에요. 교사가 되기 위한 공부를 하던 중 '왜 교사가 되려고 하는지, 무엇을 가르치려고 하는지' 자신에게 끊임없이 물었어요. 그 끝에 자기답게 빛나기 위해서 학생은 배우고, 교사는 가르친다는 생각이 들더군요.

학생들에게 학교는 배우는 곳이에요. 배움은 인생이라는 긴 여행을 준비하는 시간이고, 자신을 찾아가는 여정이죠. 또 배움을 통해 자신을 발견하는 기쁨을 누리고, 배움으로 가장 자기답게 살아가는 힘을 가지게 될 거예요.

교사에게 학교는 가르치는 곳이에요. 인생이라는 긴 여행을 떠나는 학생들에게 길을 가르치죠. 배움을 통해 먼저 길을 찾은 교사는 학생들이 길을 찾을 수 있도록 등불을 켜 길을 밝히는 것을 기쁨으로 아는 사람들이에요.

제 인생의 대부분을 학교에서 보내서인지 이제는 꿈에서도 학교가 나와요. 길고 따뜻한 햇살이 들어오는 교실에서 책 냄새, 분필 냄새도 나고, 여기저기 소곤거리는 소리, 맑은 웃음소리도 들려요.
　행복해지는 길을 가르치는 교육, 자기답게 빛날 학생들의 미래를 위해 교사의 길을 함께 가자고 여러분에게 손 내밀어 봅니다. 교사의 꿈을 꾸는 예비 교사님들, 함께 가요.

-국어교사 김선미

2장에서는?

중등교육의 대상은 누구이고, 어떤 교육의 목표를 가지고 있을까요? 또 중등교사가 가르치는 과목은 무엇이 있는지 알아보아요.

중등교사는 누구인가요?

　교육은 단계에 따라 나누어져요. 초등학교 입학 전의 유아를 대상으로 어린이집과 유치원에서 이루어지는 유아교육이 있고요, 보통 8세~13세까지의 어린이를 대상으로 초등학교에서 가르치는 초등교육, 14~19세의 청소년을 가르치는 중학교와 고등학교의 중등교육이에요. 대학교에서 이루어지는 교육은 고등교육이라고 하죠.

　중등교사라고 하면 중학교와 고등학교에서 학생을 가르치는 일을 하는 사람을 말해요. 초등교사는 거의 모든 과목을 두루 가르치고, 중등교사는 전공에 따라 담당하는 교과목이 정해져 있다는 것이 다르죠.

중고등학교엔 다양한 과목의 선생님이 있어요

　중등교사가 가르치는 교과목은 다양해요. 고등학교의 경우 고교선택제가 실행되면 교과목은 더 다양해질 거예요. 중등교사가 되고 싶다면 대학에 진학할 때 어떤 교과목을 가르칠지 선택해서 전공을 정해야 해요. 현재 각 교육청에서 선발하고 있는 과목의 교사는 국어, 한문, 수학, 도덕·윤리, 일반사회, 역사, 지리, 물리, 화학, 생물, 지구과학, 체육, 음악, 미술, 영어, 일본어, 기술, 가정, 식물자원·조경, 농공, 식품가공, 건설, 전기, 전자, 기계, 정보·컴퓨터, 상업 등이에요. 중·고등학교에는 교과목을 가르치는 교사 말고도 특수, 보건, 사서, 영양, 전문상담을 담당하는 교사들이 있어요. 이 선생님들도 모두 임용시험을 통해 선발된답니다.

교육 과정에 맞춰 과목에 대한 기본 교양을 가르쳐요

교사는 초·중·고등학교에서, 교수는 대학교에서 학생들을 가르치는데 왜 명칭이 다를까요? 교수는 어떤 한 분야에 대해 높은 수준의 전문지식을 갖고 연구하는 사람이고, 교사는 교육과정에 맞추어 수업을 한다는 점이 다르다고 볼 수 있어요.

국어교육을 예로 들어볼게요. 국어는 말하기, 듣기, 읽기, 쓰기, 문학, 문법 이렇게 여섯 개 영역으로 나뉘어요. 고등학교까지는 모든 사람이 인생을 살아가는 데 있어 가장 필요한 기본 교양을 가르쳐야 해요. 그래서 중등교사는 저 여섯 가지 영역을 골고루 공부하고, 학생들에게 가르치죠. 그런데 대학교에서는 그 여섯 개 영역 중에서 하나의 영역, 예를 들어 문학이라고 하면 현대문학 중에서 시, 그리고 작가 김소월, 이런 식으로 깊은 연구를 해요.

3장에서는?

어떤 사람이 중등교사가 되면 좋을까요? 또 어떤 성격은 중등교사와 맞지 않는 걸까요? 잘 살펴보고 나의 적성에 맞는지 확인해 보세요.

사람 만나는 것을 좋아해야

교사는 학생과 끊임없이 많은 대화를 하고 소통하는 직업이에요. 그러니 교사가 되고자 하는 학생은 사람 만나는 것을 좋아해야 해요. 다른 사람에게 도움을 주는 것도 좋아해야 하고요. 사람을 만나서 대화하는 걸 피곤해하는 사람은 좀 힘들어요. 이런 사람이 교사가 되면 로봇처럼 교탁에 서서 가르칠 내용만 딱딱하게 읊고 나가는 거죠. 선생님 본인도, 학생들도 모두 힘들어요.

또 학생의 가능성을 믿는 사람이어야 해요. 학생들을 보면서 '내가 이렇게 열심히 가르치는데 왜 아직도 이걸 모르지? 어떻게 모를 수 있지?' 하며 답답해했던 교사가 있었어요. 결국 3년 만에 그만두었죠. 당장은 이해하지 못하는 학생들도 노력하면 나아진다는 믿음이 부족하지 않았나 생각해요.

유연한 생각은 교사의 중요한 덕목

생각이 유연한 것도 중요한 덕목인 것 같아요. 학교에 있으면 학문도 변하고 세상의 가치관이 변하고 무엇보다 학생들이 변하는 것이 보여요. 언제나 3월이면 입학식을 하고 5월에 중간고사, 7월에 기말고사, 여름방학, 이런 식으로 매년 변함없는 스케줄로 생활하지만 매년 만나는 학생들은 단 한 번도 같은 사람이 아니에요. 그 변함없는 생활 습관 속에 가장 많이 변하는 학생과 계속 교류하고 소통하기 위해서는 그 누구보다 변화를 알고 적응하는 노력이 필요한 것 같아요.

그리고 인간의 긍정적인 변화에 대한 확신이 필요해요. 내가 올바른 철학을 가지고 누군가를 가르친다면 그는 반드시 좋은 방향으로 성장할 거라는 확신이죠. 내 눈앞의 한 사람 한 사람에 대한 존중과 믿음도 중요하고요. 인간에 대한 끊임없는 관심과 믿음이 좋은 교사가 되는 가장 중요한 역량이라고 생각해요.

▲ 학생들을 위한 학교의 다양한 시설들

교사가 맞지 않는 사람도 있어요

　혼자 일하는 걸 좋아하는 사람은 이 일이 힘들 것 같아요. 혼자 깊이 있는 연구에 몰입해서 무언가를 발견하고 결과를 만드는 걸 좋아하는 사람들도요. 사실 교실에서 학생들을 가르치는 건 고도의 지식을 생산하는 게 아니라 일반적인 지식을 잘 전달하는 일이거든요.

　그리고 관용이 부족한 사람은 이 일에 맞지 않는 것 같아요. 내 생각이 옳다는 신념이 너무 강한 사람인 경우 생각이 다른 학생과 대화가 안 되죠. 겉으로야 선생님이 강하게 주장하니까 학생들이 듣는 것처럼 보이지만 사실은 아니에요. 귀를 닫고 무시하죠. 그런데 그것 또한 선생님들이 다 느끼거든요. 그런 일이 반복되면 교사 스스로 상처 입고 힘들어지는 것 같아요.

봉사활동으로 적성을 알아보아요

보통은 학교와 선생님에 대해서 좋은 기억을 가진 사람이 교사 직업을 선택해요. 교사가 되기 위해 어떤 준비를 하고 싶다면 어린이책 읽어주기 봉사활동을 권해요. 그리고 가정형편이 어려운 학생들의 멘토가 되어 학습 도움을 주는 봉사활동도 있어요. 유치원이나 초등학교 저학년 학생들과 놀아주는 놀이 봉사활동도 좋고요. 가르치고 놀아주는 봉사활동을 꾸준히 하면 교사의 역할을 미리 경험하게 되니까 자신의 적성도 확인할 수 있을 거예요.

▲ 선생님들과 함께 봉사활동을 하는 학생들

사범대학에 대학에 진학해요

교사가 되려면 정교사 2급 자격증을 취득해야 해요. 사범대학을 졸업하거나, 교육대학 등 관련 학과를 졸업하면 자격증을 취득하죠. 다른 방법도 있어요. 일반대학에 진학했는데 교사가 되고 싶다면 교직 이수를 하거나, 대학 졸업 후 교육대학원에 진학하는 거죠. 그런데 일반대학의 모든 학교와 모든 학과에서 교직 이수를 할 수 있는 것은 아니기 때문에 반드시 교직 이수가 되는 학교와 학과인지 확인해야 해요.

중등교사는 가르칠 수 있는 과목이 정해져 있어요. 사범대학에서 국어교육과를 나오면 국어 교사만 가능하죠. 또 일반대학에서 국문과에 다닌다면 국어 과목으로만 교직 이수가 가능해요. 국어교육과를 졸업하여 국어 정교사 자격이 있는 상태에서 영어 교사 시험이나 과학 교사 시험에 응시할 수는 없어요.

만약 두 가지 과목의 정교사 자격증을 가지고 싶다면 대학에서 복수

전공을 하는 방법이 있어요. 국어교육과이면서 영어교육을 복수전공으로 하면 국어와 영어 두 과목의 임용시험 자격이 주어지거든요. 복수전공은 단순히 한 가지를 더한다는 게 아니라 교육과정 전체를 전공자와 똑같이 배우는 거예요. 두 학과의 공부를 모두 해야 하니 학습량이 많죠. 실제로 국어 선생님 중에 학부에서 가정교육을 전공했는데 국어를 복수전공하고 국어 교사가 된 분도 있어요.

준비되었다면 교원 임용시험에 도전!

　국공립학교의 교사가 되려면 국가에서 시행하는 임용시험을 보고, 사립학교의 경우 사립학교에서 정한 시험에 따라 채용됩니다. 교원 임용시험은 보통 11월에 있는데, 그 전에 한국사능력검정시험 3급 이상의 자격을 보유해야 응시할 수 있어요. 1차 시험 과목은 교육학과 전공과목인데, 둘 다 서술형이에요. 1차 시험에 합격하면 2차 시험을 봅니다. 2차 시험은 교수·학습 지도안 작성, 수업 실연, 교직 적성 심층 면접으로 이루어지는데요, 미술이나 체육처럼 실기가 필요한 과목은 실기시험이 따로 있어요. 이렇게 모든 시험을 통과하면 중등교사로 임용되어 학교를 배정받게 됩니다.

　임용시험은 응시자가 근무를 희망하는 지역을 선택해서 시험을 치러요. 시험은 전국에서 같은 날 실시해요. 자신이 살고 있는 곳에 지원하는 게 좋겠지만 그 지역에 응시자가 너무 많아 경쟁률이 세면 다른 지역에 지원하는 것도 가능해요. 서울에 살면서 경기도에 지원하는 사람도 많은데요. 경기도가 공립 교사를 많이 뽑기 때문이에요.

 하지만 임용시험을 볼 지역을 선택할 때는 신중해야 해요. 시험에 합격해서 임용되면 지역을 바꾸는 건 어려워요. 서울은 서울만, 경기도는 경기도 안에서만 근무할 수 있거든요. 다만 도간 교류라고 해서 지역을 이동하는 방법은 있어요. 예를 들어 서울에 근무하는 교사가 제주도에서 근무하고 싶다고 신청하면 제주도에서 서울로 이동하고 싶은 교사와 맞바꾸는 거예요. 맞바꿀 교사가 없다면 대상자가 나올 때까지 기다려야 하죠.

과목에 따라 뽑는 인원이 달라요

　국어와 영어, 수학 교사는 많이 뽑기 때문에 경쟁률이 7 대 1 정도 되고, 소수의 인원을 뽑는 과목은 경쟁률이 더 높아요. 그리고 가정이나 지리, 한문 같은 과목은 뽑았다, 안 뽑았다 하고, 뽑아도 1명 정도라 경쟁률이 매우 높은 편이에요.

　과학이나 사회 과목의 경우 전체적인 숫자는 많은데 분야를 세분화해서 뽑아요. 과학은 물리, 화학, 생물 등으로 나눠서 각각 따로 뽑고, 사회도 마찬가지로 일반사회, 지리, 역사 이런 식으로 뽑죠. 제2외국어는 일본어와 중국어 빼고는 거의 다 사라졌어요. 오래된 사립학교의 경우 프랑스어나 독일어와 같은 과목은 그 교과의 선생님이 퇴직하면 과목도 없어질 거예요. 중등교사가 되고 싶다면 어떤 과목을 선택할지도 생각해야 해요.

중등교사가 되고 싶다면
사람을 만나 대화하는 것을 좋아하고,
사람에 대한 존중과 믿음이 있고,
인간의 긍정적인 변화에 대한 확신이 있어야 해요.
인간에 대한 끊임없는 관심과 믿음이 좋은 교사가 되는
가장 중요한 역량이랍니다.

4장에서는?

중등교사가 하는 일을 구체적으로 알아보는 시간! 중등교사는 당연히 학생들을 가르치는 일이 중심이에요. 그리고 학교에서 중등교사는 또 어떤 일을 할까요?

교사의 기본 업무는 수업 준비

　가르치는 내용은 어렵지 않아요. 하지만 중요한 건 수업방법이잖아요. 교과서 내용을 어떻게 전달할지 준비할 시간이 많이 필요하죠. 학생들이 이해하기 쉽게 다른 예를 찾고, 관련된 시청각 자료들을 모으고, PPT나 유인물로 제작하면서 수업 준비를 해요. 매년 맡는 학년이 다르고 학생들 수준이 다르고, 5년 정도면 교과서도 바뀌니 수업 준비는 매번 새롭게 하는 것 같아요.

　초임 교사 때는 수업 준비가 어려웠던 것 같아요. 자료가 부족해서가 아니라 학생들의 수준에 맞추어 설명하는 것이 어려워서요. 학생들이 어느 부분에서 이해를 잘 못 하고, 어떻게 해야 이해할 수 있는지 잘 모르니까 무작정 많은 자료를 준비해 가거나 엄청 어렵게 설명하기도 했죠.

교사용 지도서는 참고할 뿐

교과서를 만들 때, 교사용 지도서라는 교사 참고 자료도 함께 만들어요. 교과서를 집필한 선생님들이 자료를 공유하는 정도라 참고는 하지만 그대로 따라하지는 않아요. 그보다는 관련 자료를 참고하거나 전문가에게 직접 물어보는 편이죠.

국어과목은 독서 지문이 있어요. 인문, 예술, 과학, 기술, 사회 등 다양한 내용이 교과서에 실리죠. 예를 들어 별까지의 거리를 재는 글이나, 양자역학에 대한 설명, 칸트의 사상 등이죠. 그럴 땐 전공 선생님들의 도움을 받아요. 물리 선생님을 찾아가 상대성 이론을 묻고, 역사 선생님을 찾아가 역사의 배경에 관해 설명을 듣죠. 그런 점에서 학교는 참 좋아요. 각 분야의 전공자가 교무실에 모두 계시니까요.

학생들과 소통하기

학생들과 소통할 때 교사의 나이는 중요하지 않은 것 같아요. 선생님이 어떤 말을 하고 어떻게 공감하느냐에 따라 학생들은 꼰대냐 아니냐를 판단하죠. 선생님이 아무리 젊어도 나와 소통하지 못하면 싫고, 머리가 하얀 할아버지 선생님이라도 공감하고 소통한다면 즐겁게 대화를 나누더라고요.

학생들은 정말 많은 이야기를 해요. 공부 이야기만 할 것 같죠? 아니에요. 친구나 좋아하는 연예인, 스포츠 등 너무도 다양한 관심 분야의 이야기를 해요. 선생님께 한 번씩 툭 던지죠. "선생님, 뉴진스의 민지 아세요?" 이렇게 던졌는데, 선생님이 "어! 나도 민지 아는데, 이번 노래 좋더라." 이렇게 하면 그게 물꼬가 되어서 그다음 이야기가 진행되죠.

행정업무와 상담도 교사가 할 일

　교사의 행정업무는 교육과정을 각 학교에 맞게 구성하는 일이 중심이에요. 교육과정에 의한 학년별 과목 배정 후 과목별 수업 단위 수를 정하고, 학기별 수업 진도와 평가의 계획을 세워 실행하는 과정이죠. 또 학교에서 이루어지는 많은 행사가 있어요. 수학여행, 학생회 자치 구성, 동아리 활동, 학교 축제, 각종 경시대회, 방과 후 수업 등 학교 행사를 계획하고 그에 따른 예산을 편성해서 활동하고 이후 평가보고서 작성 등의 일이 모두 선생님의 업무랍니다.

　상담은 교사의 일과 중에 수업만큼 이루어지는 것 같아요. 보통 학기당 1회씩 학부모와 학생들이 개별상담을 해요. 그리고 학기가 끝나갈 때쯤 학생들을 대상으로 전체 상담을 하죠. 또 필요하다고 판단하면 수시로 학생 상담을 하고요. 제가 학생을 불러 이야기할 때도 있고 학생들이 찾아와 상담할 때도 있어요.

공무원법을 따르는 중등교사

　임용시험에 합격하면 신규교사 연수를 받고 발령이 나요. 이제부터 교사 생활의 시작이에요. 교사는 법에 정해진 대로 주 5일, 하루 8시간 근무가 기본이에요. 고등학교는 학생들의 등교 시간이 8시인 경우 교사도 8시에 출근해서 4시에 퇴근하고, 9시가 등교 시간인 지역의 교사는 9시에 출근해서 5시에 퇴근하죠. 하지만 교사는 보통 학생들보다 조금 일찍 출근하고 조금 늦게 퇴근한답니다.

　교사는 공무원법에서 보장하는 복지제도에 따라요. 육아휴직과 병가 등을 눈치 보지 않고 당당하게 사용할 수 있죠. 특히 남자도 육아휴직을 할 수 있어서 요즘은 남자 선생님들도 육아휴직을 사용한답니다.

평등한 교사의 세계

교사가 다른 직업과 다른 점 중의 하나가 승진이 없다는 거예요. 임용될 때 교사로 시작하여 퇴직할 때까지 교사로 있죠. 시험을 통해 교감, 교장, 장학사 등이 되기도 하지만, 그것은 승진이라기보다는 역할의 변화라고 볼 수 있어요. 그래서 초임 교사와 30년 된 교사가 하는 일이 같아요. 이런 평등이 교사라는 직업의 장점이자 단점일 수도 있어요.

교장 선생님은 학교의 최고 책임자로서 학교에서 일어나는 모든 일을 계획하고 관리해요. 거의 모든 회의에 참석하고 학교로 들어오는 모든 공문을 보고 결재하죠. 교사, 학생, 학부모, 그리고 교육청과 교육부와의 연계도 교장 선생님을 통해 이루어집니다.

교감 선생님은 교장 선생님과 일을 함께 하는데요, 그중에서도 주로 학교에서 일어나는 일들을 중심으로 조정하는 일을 해요. 교사들의 담임 선생님이라고 표현하는 게 맞는 것 같아요. 교사와의 상담이나 부서

별 업무 조정을 요청하는 일들이 교감 선생님을 통해 이루어지죠.

　예전에는 교사가 교장의 명을 받아야 한다고 생각했어요. 그런데 지금은 법을 따르죠. 교장 선생님이 어떤 업무를 지시했는데, 그게 법률에서 정한 게 아니면 교사는 그 일을 안 할 권리가 있어요. 교장과 교감, 교사는 수직적인 관계가 아니라 각자 학교에서 맡은 역할이 다른 사람들이에요.

교사의 하루

학생들의 등교 시간이 8시라면 교사는 그보다 20~30분 일찍 가서 학생을 맞을 준비를 해요. 담임일 경우 8시에 교실에서 학생 출결을 확인하면서 학생들을 살펴보고 그날의 전달사항을 알려주죠. 8시 10분이 되면 1교시 수업이 시작되어 4시까지 7교시 수업을 진행해요. 4시에 수업이 끝나면 종례하면서 학생들의 교시별 출결 상태를 확인하고 가정통신문이나 가정에 전달할 사항을 알려주고요.

학생들이 하교하면 약 30분 정도 교실에 남아서 청소 지도를 해요. 교실과 특별실은 학생들이 조를 짜서 청소하는데 부득이한 경우를 제외하고 대부분 함께 합니다. 교실 정리가 끝나면 교무실로 들어와 학급 일을 정리하고 기록해요. 사실 학교 일과 시간 안에 수업 준비와 행정업무, 상담 등을 다 하는 건 어려워요. 그래서 학교 일정이 끝나고 나서 수업 준비를 하거나 미처 처리하지 못한 공문을 정리하고 학부모와 학생들의 상담도 하죠. 추가로 학생들 동아리 활동을 지도하거나 방과 후 수업, 야간

학습 감독이 있는 날도 있어요.

　교사의 수업은 7교시 중에 3~4교시 정도 있어요. 수업과 행정업무보다 담임 업무가 더 많다고 느껴질 때가 있어요. 그래서 학교에서는 담임을 맡은 선생님들의 행정업무를 줄여주려고 하지만 쉽게 되지 않더라고요.

▲ 자율학습실에서 공부하는 학생들의 야간 학습 감독도 교사의 할 일이에요.

5장에서는?

교사라는 직업은 초등학교, 중학교, 고등학교 학생들에게 꾸준히 인기 있는 직업이에요. 어떤 매력이 있길래 많은 학생이 꿈꾸는 걸까요? 선배 교사의 진심을 들어보아요.

🎵 학생들과 만나 미래를 얘기하는 매력

　교사는 무한한 가능성을 품은 학생들과 만나 미래를 이야기할 수 있어요. 이것만큼 멋지고 근사한 일이 또 있을까요. 소중한 한 명 한 명의 생명과 어깨를 맞대고 살아갈 수 있다는 게 참 감사하고요. 그리고 어른으로 성장하여 만나는 학생들은 선생과 학생의 관계를 넘어 친구이고 스승이며 제자입니다.

　학생들과의 만남은 참 소중해요. 몇 년 전에 교생 실습을 나온 대학생 중 한 명이 제가 가르친 학생이었어요. 고등학교 1학년 때 혼자 교실에 남아서 공부하고 있었는데 제가 지나가다 교실로 들어와 먼저 이야기를 건넸대요. 이 친구가 공부를 잘하는 학생이었는데 성적이 떨어져 고민하고 있었나 봐요. 그때 먼저 다가와 말을 건네준 그 일을 기억하고 있더라고요. 조금이나마 힘이 되어주고 싶다는 저의 마음이 전해진 거겠죠. 7년이 지나도 그 일을 기억하고 있었다니, 그 시간 동안 아이의 마음속에 씨앗이 자랐던 것 같아서 뿌듯했어요.

아이들의 몸은 부모님이 낳아주셨지만, 마음 혹은 정신은 스승에게 배워서 탄생한다고 생각해요. 삶의 중요한 가치 즉 열정, 배려, 정의, 안녕, 신념 등은 단순히 책을 통해 알게 되는 게 아니라 누군가의 진실한 실천을 지켜보며 비로소 자신도 실천하게 되는 가치인 것 같아요. 스승과 제자는 이 세계와 인생의 중요한 가치를 함께 찾아가는 강한 끈이고요. 저는 지금 학생들을 가르치고 있지만 저에게도 스승이 있고 그 스승과 함께 가치를 만들기 위해 노력하고 있답니다.

학생들에게 도움을 줄 때의 뿌듯함

학생들은 저에게 삶에 대한 영감을 주기도 해요. 제게 자신의 고민을 이야기하고 저도 학생들에게 고민을 이야기하죠. 서로 같이 해결책을 찾는 거예요. 물론 학생들에게 국어를 가르치는 수업의 매력도 참 근사해요. 수업 시간마다 학생들의 반응은 그때그때 끊임없이 다르고 교실은 굉장히 역동적인 공간으로 변해요. 수업 이후에 이루어지는 다양한 인간관계도 신나는 일이고요.

그리고 누군가에게 도움을 줄 수 있다고 생각이 들 때면 참 뿌듯합니다. 지식을 알려주는 기쁨만이 아니라 한마디 말이 학생들 마음에 씨앗이 된다는 것이 참 보람된 일인 것 같아요.

수업에서 학생들과 공감을 이뤄낼 때의 기쁨

　미당 문학상, 소월 문학상을 받은 문태준의 시 「가재미」라는 작품을 가르칠 때였어요. 병실에서 죽어가는 여자를 가자미로 표현한 시였어요. 저는 "그녀가 엄마라고 생각해보자."라고 하며, '나는 죽어가는 엄마를 계속 바라보는데 엄마는 가자미처럼 눈을 한쪽으로 해서 죽음만을 바라본다'고 설명했죠. 제게 큰 감동을 준 시를 학생들에게 가르쳤어요. 수업 시간에 이 시를 같이 공부하다가 학생들이 저와 함께 펑펑 울었어요. 순간 그 작가의 아픔이 우리에게도 전해진 거죠. 누구에게나 있는 정서, 그것을 노래하는 시인, 그 감성을 공감한 수업을 잊을 수가 없어요.

무한한 가능성을 품은 학생들과 만나
어깨를 맞대고 살아갈 수 있는 기쁨을 누리는 직업이 바로 교사입니다.
스승과 제자라는 강한 끈으로 묶여 이 세계와
인생의 중요한 가치를 함께 찾아가는 소중한 관계도 맺죠.
무엇보다 학생들과 수업을 통해 공감하는 감격과 뿌듯함은
오직 교사만이 느끼는 보람이 아닐까요?

6장에서는?

무슨 일이든 어려움이 있어요. 중등교사에게는 어떤 어려움 있고, 그럴 때 어떻게 해결하는지 현직 교사의 솔직한 마음을 보여드려요.

선생님도 미숙한 시절이 있어요

교사라면 누구나 초임 때 미숙했던 경험이 있을 거예요. 제가 교사로 부임한 첫해, 우리 반에 선생님들에겐 예의 바르고 싹싹하게 굴지만, 학생들에겐 아주 무서운 아이가 있었어요. 그땐 그저 나쁜 길에 빠진 착한 아이를 구하고 싶다고 생각했던 것 같아요. 아이와 상담도 많이 하며 사랑과 관심으로 정성을 쏟았죠. 그런데 그 학생이 나중에 친구를 때려서 학폭위가 열리고 결국 처벌받게 되었어요. 약간의 배신감도 느낀 저는 아이의 손을 붙잡고 슬픈 마음을 누르며 이야기했죠. "내가 너와 정말 많은 대화를 나누었는데 네 마음이 변하지 않는 걸 보니 선생님 마음이 너무 아파." 그랬더니, 그 아이가 눈을 치켜뜨면서 "저도 선생님을 겪어 보니까 다른 선생님과 별반 다르지 않던데요?"라고 말하는 거예요. 그 말에 얼마나 큰 충격을 받았는지 몰라요. 저는 다른 선생님과 달리 정성을 쏟았으니 아이가 달라질 거라고 자만했던 것 같아요. 그건 사랑이 아니라 제가 유능한 교사라고 인정받고 싶었던 거였구나 하는 생각에 너무도 부끄러웠죠.

제가 학생을 지도할 때 스스로 묻는 게 있어요. '이 대화가 아이를 위해서 하는 걸까, 내 만족을 위해서 하는 걸까?' 내가 교사로서 의무적으로 하는 건 아닌지, 또는 '선생님은 너와 이렇게 대화해 주니까 좋은 사람이란다.'라는 자기만족의 의미가 있는 건지, 늘 스스로에게 물어요.

또 초임 교사 시절엔 학부모 상담이 어려웠어요. 나이 들어 보이려고 일부러 화장도 진하게 하고, 꼬불꼬불한 파마도 했어요. 내가 능숙한 사람이라는 걸 보여주고 싶었겠죠. 그런데 지금 생각하면 부끄러워요. 학생들도 학부모도 모두 다 보았을 테니 말이에요. 그래서 지금은 꾸밈없이 솔직하게 대화하려고 해요.

동료 교사를 보며 힘을 얻기도

 교직 15년 차가 넘어갈 때 학교생활이 힘들다고 느껴졌어요. '내가 나이가 들어 학생들과 대화할 수 없게 되면 어쩌지?'하는 불안함이 있었죠. 더 공부해서 대학으로 옮길까, 교육공무원 시험을 다시 볼까 하는 생각이 조금씩 들 때였어요. 그때 나이가 지긋한 선생님을 보고 마음을 바꾸었어요.

 정년 퇴임이 얼마 남지 않은 물리 과목 선생님이셨는데 학생들이 그 선생님을 너무 좋아하는 거예요. 교무실에 앉아 있으면 복도에서 선생님을 부르는 소리가 들려요. 어떤 학생은 지나가면서 "오빠!"하고 외치고, 남학생들은 "형!"이라고 부르고요. 또 다른 학생은 "사랑해요."하고 소리치고 막 뛰어가고요. 한두 명이 아니었어요. 그 선생님은 학생들에게 친근하게 다가가고, 어떤 상대라도 무심한 듯 따뜻하게 챙겨주는 분이었어요. 사실 물리 과목이 어렵잖아요. 포기하는 학생들도 많고요. 그런데 우리 학교는 매년 물리학과에 진학하는 학생이 있었어요. 그 학생들이 찾아와서 "선생님 수업 시간에 배운 내용을 대학교에서 똑같이 배워요. 그 수업내용을 아는 애는 과학고 나온 애랑 저밖에 없어요."하고 말하는 거예요. 학생의 말속에서 선생님 수업에 대한 자부심이 느껴졌어요.

물론 그게 다는 아니에요. 그 선생님은 학생들이 공부를 잘하든 못하든 칭찬도 많이 해주시고, 학생들과 정말 친하게 지내셨어요. 항상 학생들에게 둘러싸여 계셨죠. 그 선생님을 보면서 '아무리 나이가 들어도 학생들과 소통할 수 있는 사람이 될 수 있다!'는 확신을 하게 됐죠.

교사만의 습관과 어려움도 있어요

　이 일을 10년 넘게 하면 지나가는 사람들도 교사인 걸 알아챈대요. 일단 복장이 단정하고 말을 천천히 또박또박한대요. 그리고 누군가를 가르치는 어투로 무엇이든 설명하고요. 저도 '혹시 선생님이세요?'하는 말을 많이 들어요.

　교사들이 잘 걸리는 병도 있어요. 성대 결절, 하지정맥류, 혈액순환 장애 등이죠. 특히 성대 결절은 정말 많아요. 늘 목이 아프고 목소리가 잘 안 나와요. 정도가 심하면 수술을 하기도 하고요. 말을 많이 하는 직업을 가진 사람들 대부분이 그럴 거예요. 그래서 물이나 녹차, 커피를 입에 달고 살죠.

스트레스는 동료 교사들과 수다로 풀어요

교사는 동료 교사들끼리 친하게 지내는데요, 별별 이야기를 다 하죠. 같은 일을 하니까 서로 공감하는 것도 많고, 무엇보다 학교 바깥으로 이야기가 새지 않는다는 점도 있고요. 저는 도서관 사서 선생님과 이야기를 많이 했어요. 제가 문 여는 소리만 들어도 무슨 일이 있었는지 아실 정도였죠. 제 이야기를 들어주는 선생님과 한 시간 동안 실컷 이야기하고 나면 다음 시간 기분 좋게 수업에 들어갈 수 있었답니다.

처음부터 능숙한 선생님은 없어요.
실수하면서 배우고, 배우면서 성장하죠.
어려운 일이 있을 때는 동료 교사를 보며 힘을 얻기도 하고,
친한 교사들과 공감하며 서로의 힘이 되어주기도 해요.

7장에서는?

학생 수가 감소하고 인공지능이 발전하면서 미래의 학교는 지금과 다를 거라는 의견이 많아요. 현재 학교에는 어떤 변화가 일어나고 있는지, 미래의 교사는 어떤 모습일지 김선미 선생님의 의견을 들어보아요.

학생 수의 감소는 현실이 되었어요

학교의 학급 수가 줄어들고 있는 건 사실이에요. 시간이 갈수록 점점 더 줄어들 거고요. 교육 당국에서 이 문제를 두고 고민하고 있는 것으로 알고 있어요. 학급당 학생 수를 줄여서 학급 수를 그대로 유지할 건지, 아니면 학급당 학생 수는 그대로 두고 학급 수를 줄일 건지. 학급 수는 교사 수와 직접 관련이 있어요. 학급 하나가 없어질 때마다 평균 2명 정도의 선생님이 빠지거든요.

이 문제를 해결하기 위한 대안으로 학급 당 학생 수를 줄이자는 의견이 있어요. 한 학급에 20명 이내일 때 수업의 질이 가장 높아요. 30명 이상이면 학생들 한 명 한 명을 살피기는 현실적으로 어렵거든요. 그런데 학급 당 학생 수를 줄이는 것도 문제가 있어요. 교육 선진국처럼 15명 안팎으로 줄이면 학급 수가 더 늘어나서 교사를 더 채용해야 하니까 사회적 비용이 들죠. 교육 당국과 국민 모두가 관심을 가지고 문제를 풀어나가야 할 것 같아요.

정보가 넘치는 시대, 교육의 방향이 바뀔 거예요

다들 느끼고 있겠지만 이 시대에 단순한 지식을 정확하게 전달하는 것을 교육의 목표로 하기에는 이미 너무 많은 정보가 넘쳐나는 사회로 바뀌었어요. 이런 정보 중에서 나에게 필요한 정확한 정보를 찾아내고 자신의 것으로 만들어 내는 능력을 길러나가는 것으로 교육의 방향이 바뀔 것 같아요.

이럴 때 필요한 것이 가치관이죠. 무엇을 정보라 할 것인지, 무엇이 사실이고 진실인지 판단할 수 있는 가치관을 세우는 것은 정보들의 단순 조합으로 만들어지는 것이 아니니까요. 이제 교육의 큰 틀이 바뀔 때이고, 학생들은 그 길을 찾아갈 수 있으리라 믿습니다.

학교도, 교사의 역할도 변화할 거예요

 능숙하게 태블릿 PC를 터치하며 게임을 하듯 지식을 익히는 우리 집 아이를 보았죠. 어느 순간 우리 삶 속으로 깊숙하게 들어온 AI로 저도 "학교는 계속 존재할 것인가?"하고 생각해 본 적이 있어요. 그런데 아이는 저에게 묻더라고요. "엄마는 왜 엄마야?", "나는 왜 태어났어?", "엄마는 내가 왜 좋아?"하는 존재에 대한 질문이었어요. 이것은 결코 태블릿 PC 터치로 알게 되는 것이 아니라 인간 대 인간의 교류와 공감을 통해서만 이해할 수 있는 질문이라고 생각해요. 교육이 단순히 지식을 전달하는 것이 아니라 존재에 대한 물음과 그 답을 찾아가는 것이어야 한다는 생각이 들었어요. 그래서 교사라는 존재가 절대적으로 필요하다는 생각을 굳히게 되었죠.

 학교 교육의 목표는 누구에게나 평등한 보통교육이에요. 교육에서 소외되는 사람이 생기면 사회의 갈등이 커지게 마련이에요. 소외되는 사람들의 미래도 무너지고요. 그래서 시대가 변하는 것과 상관없이 학교 교육은 꼭 필요해요. 100년이 지나도요. 다만 교육의 내용은 변할 수 있어요. 단순히 수업을 듣는 공간이 아니라 학생들이 서로 공감하고 다양한 활동을 교류하는 장이 되겠죠.

  미래의 학교가 어떻게 변할지는 잘 모르겠어요. 하지만 분명한 건 기초 학문이 바탕이 되어야 한다는 것, 인간 사회를 살아가는 구성원으로서 협력하는 방법을 연습해야 한다는 것, 지식과 지식을 융합하여 새로운 지식으로 창조하는 방법을 실험해 봐야 한다는 것 등이죠. 이제 학고의 교사와 학생은 단순 지식 전달과 경쟁이 아닌 공동체 협력과 가치 창조를 해 나가는 교육에 눈을 돌려야 한다고 생각해요.

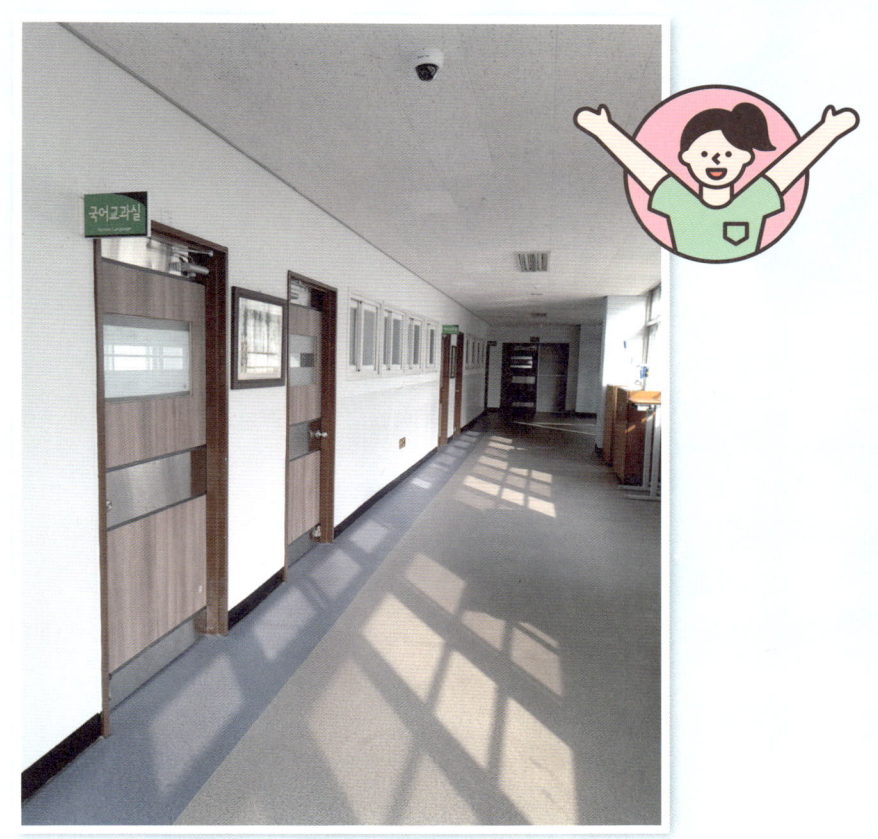

▲ 교육에서 소외되는 사람이 없도록 미래에도 학교는 꼭 필요해요!

8장에서는?

선생님을 좋아해서 선생님이 되었다는 김선미 선생님! 학생들과 소통하기 위해 먼저 변화하는 것을 두려워하지 않고, 인간에 대한 긍정적인 변화를 믿는 선생님이 되기까지의 이야기를 들어보아요.

꿈 많은 어린 시절

 아주 어렸을 때는 셜록 홈스를 너무 좋아해서 탐정이 되고 싶었어요. 셜록 홈스 시리즈를 거의 외우다시피 했어요. 그러다 보니 자연스럽게 중학생 시절에는 공상하고 무언가를 창작하는 게 좋아서 소설가가 되고 싶었고요.

 성적은 좋은 편이었어요. 공부에서 재미를 느꼈던 순간순간이 기억나요. 수학 문제를 풀면서 짜릿함을 느꼈죠. 모르는 게 있으면 선생님께 꼭 질문했어요. 공부에 대한 욕심도 있었고요.

질문, 또 질문, 알 때까지 질문하는 학생, 선미

중학교 3학년 때 과학이 너무 어려운 거예요. 실제로 과학 성적이 제일 안 좋았어요. 그 당시 과학 수업을 들으면 세상이 뿌옇게 안개가 낀 것 같은 느낌이었어요. 분명히 저기에 63빌딩이 있다고 하는데 제 눈에는 잘 안 보여요. 53빌딩인 것 같기도 하고 아파트 같기도 하고 전봇대 같기도 한 그런 뿌연 상태. 그래서 저는 쉬는 시간마다 교과서와 문제집을 들고 과학 선생님을 찾아갔어요. 나중에는 과학 선생님께서 "선미야, 나 커피 마실 시간은 줄래?"하실 정도였죠. 하나씩 궁금증이 풀리면서 과학이 좋아졌어요.

나중에 제가 교사가 돼서 소풍을 갔을 때 어린이대공원에서 그때의 과학 선생님과 딱 마주쳤어요. 선생님도 저도 반 학생들을 인솔하고 있었죠. 너무 반가웠어요. 선생님은 단번에 저를 알아보셨죠.

선생님이 좋아서 선생님이 되기로

　학창 시절에 좋은 선생님들을 많이 만났는데요, 그중에서 기억에 남는 선생님은 그 과학 선생님이에요. 교사가 되고 보니 과학 선생님의 마음을 알겠더라고요. 쉬는 시간은 선생님에게도 필요한 휴식 시간이에요. 물론 학생이 한두 번 질문하면 예쁘게 보이겠지만 그게 매시간, 매일이 되면 좀 그럴 것 같아요. 그런데 과학 선생님은 제 질문을 오랫동안 다 받아주셨어요.

　그리고 또 한 분, 고3 때 담임 선생님도 좋아했어요. 제가 교사가 되겠다고 정한 건 고3 때였어요. 교직을 선택하게 된 것도 담임 선생님의 영향이었죠. 교사가 돼서 찾아뵀을 때는 제자가 아닌 동료로 대해주셨어요. 지금도 친구처럼 대해주시고요. 아직도 잊지 않고 마음에 소중히 간직한 선생님이에요.

국악 동아리 활동이 즐거웠던 대학시절

　대학에 들어가서 국악 동아리 활동을 했어요. 그때 대금 소리며, 아쟁, 거문고, 가야금, 향피리 등 국악기의 매력을 알게 되었어요. 저는 해금을 연주했죠. 학교 강당에서 일 년에 두 번 연주회도 가졌어요. 다만 아쉬운 건, 다른 동기들은 악기 몇 가지를 숙달하고 나오는데 저는 그러지 못했다는 거예요. 2학년 2학기부터 임용시험을 준비하면서 동아리 활동을 뜸하게 하다가 3학년에 가서는 아예 그만두고 말았죠. 대학 생활의 모든 것이 교사 되는 것, 임용시험 보는 것에 초점이 맞춰져 있었던 것 같아 아직도 아쉬운 마음이 있답니다.

임용시험에 떨어지고 좌절하기도

　2학년 2학기가 되었을 때 슬슬 임용시험 준비해야지 하고 마음먹고 도서관에 갔다가 깜짝 놀랐어요. 그때 IMF 외환위기가 왔는데요. 보통 4학년 2학기쯤 되면 취업해서 나가던 선배들이 취업이 안 되니까 모두 도서관에 모여들었던 거예요. 갑자기 도서관이 선배들로 가득 차서 새벽 6시 10분에 가면 도서관 자리를 맡을 수 없을 정도였죠. 도서관이 6시에 문을 여는데 말이죠. 그래서 엄청 간절하고 불안한 마음으로 임용시험을 준비했던 것 같아요. 그리고 그때 예비교사모임을 만들어 활동했었는데, 선후배 동기들과 많은 토론을 했어요. 제 가치 체계를 다시 세우는 시간이었죠.

　대학 졸업을 앞두고 임용시험을 봤어요. 6명이 함께 스터디를 하며 준비했는데 그중에 저만 떨어졌어요. 졸업식 날 다른 친구들이 가족들의 축하와 환호를 받을 때 저는 우리 부모님과 가족사진만 찍고 바로 나왔어요. 졸업식이고 뭐고 다 싫어서 그냥 도망가고 싶었어요. 그래서 졸업식 날 친구와 찍은 사진이 없어요. 지금은 그게 후회로 남아요.

저는 고3 학생들에게 늘 말해요. "대학 못 들어가도 졸업식에 꼭 나와라. 친구들하고 사진도 다 찍어. 어차피 1년 뒤에는 다 대학 갈 거야."라고 말이죠. 학생들이 대학에 합격을 못 하면 졸업식에 안 오려고 해요. 사실 그 마음은 제가 잘 알아요. 저도 임용시험에 떨어졌을 때 그랬으니까요.

시험은 일 년 뒤에 다시 보고 합격했어요. '교사가 꼭 되고 싶다'는 열망이 가득 차 있을 때여서 바로 임용되어 학교에 갔을 때는 너무 좋았어요. 경비 아저씨가 학교 문 닫겠다고 할 때까지 수업 연구를 했죠.

대학원에서 지식과 관심의 분야를 넓혔어요

국립대학인 한국교원대학교에서 2년 동안 석사과정을 했어요. 보통 교육대학원은 야간이나 방학을 이용해 운영되고, 일반 대학원은 학기 중 낮에 수업하고 박사과정까지 연계돼요. 저는 대학원 과정인 2년 동안 한국교원대학교로 파견되어 공부만 할 수 있었어요. 국어 교육학 중에서 독서교육을 전공하고 '독서 이력철'에 대한 논문을 썼어요. 독서 포트폴리오를 만들기 시작한 때였죠. 대학원에서 공부했던 계기로 교과서 작업도 선생님들과 함께 할 수 있었어요.

저에게 대학원 시절은 인생의 중요한 기점이 되었어요. 공부도 많이 했고, 대학원생들끼리 현대철학도 공부했죠. 그곳에서 들뢰즈, 스피노자, 푸코, 하이데거, 라캉 등을 알게 되었어요. 그 영향으로 영화 평론의 길에 관심도 가지게 되었고요. 영화평도 써보고 영화 시사회도 다니면서 지식과 관심의 분야가 넓어졌어요.

▲ 수업 준비와 행정업무를 하는 교무실

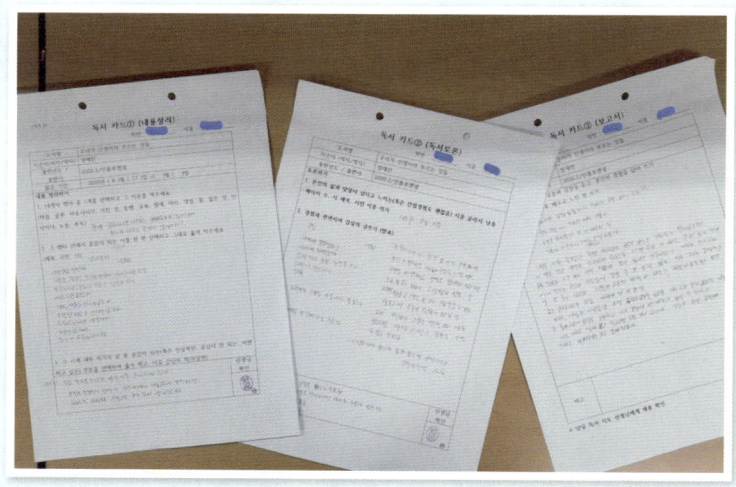
▲ 대학원 전공을 살려 학생들이 독서 이력을 관리하도록 지도하고 있어요.

교사로 퇴임하는 꿈을 꾸어요

교사를 꿈꾸었기 때문에 교단에 선 저는 학생들과 수업하는 것이 참 좋아요.

제 꿈은 교사로 정년퇴직하는 거예요. 지금도 정년을 채워 퇴직하는 선생님이 많지 않아요. 중간에 그만두시는 경우가 많죠. 하지만 저는 60이 넘어서도 학생들과 웃고 배우고 토론하고 싶어요. 퇴임식을 할 때 제자들의 축하도 받고 싶고요. 너무 어려운 꿈일까요?

9장에서는?

앞에서 미처 소개하지 못한 궁금증을 해결하는 시간! 외국 교사와 우리나라 교사의 차이는 무엇인지, 이 직업을 잘 표현한 영화는 어떤 것이 있는지 알아보아요. 또 선생님들은 방학을 어떻게 보내는지도 알려주신대요.

교사라는 직업은 왜 인기가 많을까요?

QUESTION 01

학생들이 가장 많이 만나는 사람이 교사잖아요. 가장 가까이에서 오랫동안 접하는 직업이다 보니 친근하게 느끼는 것 같아요.

학생의 연령에 따라 교사를 희망하는 이유가 다른 것 같아요. 초등학생은 선생님을 거의 좋아하니까 교사를 많이 희망해요. 고등학생 정도 되면 진로랑 직접적인 연결이 돼요. 교사가 공무원이기 때문에 안정적인 직업이라고 생각하는 것도 있고요.

보통 교사를 희망하는 학생들은 교육과 교사에 대해서 긍정적인 생각을 가진 경우가 많아요. 선생님과 좋은 인연을 맺어본 학생들, 학교라는 공간에서 인정과 사랑을 받았던 학생들이 교사라는 직업을 선택하는 것 같아요.

이 직업을 잘 표현한 작품은 무엇이 있을까요?

QUESTION 02

교사를 소재로 한 좋은 영화들은 참 많이 있어요. 그중에서 몇 편을 꼽으라면 <홀랜드 오피스>(1995년), <지상의 별처럼>(2007년), <라자르 선생님>(2013년) 등이 있어요.

<홀랜드 오피스>는 주인공 홀랜드가 돈을 벌기 위한 직업으로 교사가 되면서 이야기가 시작돼요. 잠깐만 하기로 마음 먹었던 일이 어느새 30년을 넘고 말았는데요. 어설픈 교사였던 홀랜드가 진정한 선생님으로 성장하는 이야기인 동시에, 홀랜드가 가르친 학생들이 마침내 그의 훌륭한 작품으로 자라났다는 이야기예요.

<지상의 별처럼>은 난독증에 걸린 이샨이라는 아이가 학교에 적응하지 못하고 말썽을 피우다가 미술 선생님을 만나 재능을 찾아간다는 이야기예요. 이 영화는 한 아이가 잘 자라기 위해서는 많은 사람들의 관심과 사랑, 노력이 필요하다는 것을 알려주죠.

<라자르 선생님>은 선생님과 제자들이 서로의 상처를 보듬어주는 영화예요. 캐나다 퀘벡의 한 초등학교 선생님의 자살로 아이들은 충격에 빠지죠. 그 아이들 앞에 어딘가 어색한 알제리 출신 선생님이 나타나요. 선생님은 끔찍한 사고로 가족을 잃고 캐나다로 망명을 온 사람이에요. 학교 선생님들과 어른들이 아이들의 상처를 들추지 않기 위해 숨기느라 바쁠 때 라자르 선생님은 아이들이 마음을 숨기지 않고 마음껏 슬퍼하도록 이끌어내요. 이 과정에서 아이들과 선생님 모두 상처를 치유할 수 있었죠. 교육이 아이들의 상처를 치유하는 과정이어야 한다고 말하고 있는 영화 같아요.

교사들은 방학을 어떻게 보내나요?

방학하면 고등학교는 보통 3~4주 정도 방과 후 수업이 있어요. 자율학습실도 매일 개방되어 돌아가면서 감독도 서고요. 방과 후 수업을 하고 1~2주 정도 남는데 그 시간을 이용해 그동안 다니지 못한 병원 진료를 받거나 개인 업무를 보죠. 저는 그 시간을 이용해 평소 보고 싶었던 영화를 보거나 미술관에 가거나 친구들을 만나요.

역사 선생님이나 지리 선생님들은 여행을 가시더라고요. 미리 계획을 짜서 해외여행을 가거나 국내 여행도 해요. 교사는 영화, 연극, 미술관 관람 등 문화생활을 많이 할 수 있어서 좋아요. 그런 걸 좋아해서 교사가 된 건지, 교사를 하다 보니까 문화생활을 좋아하게 된 건지는 모르겠네요.

외국의 교사와 차이가 있나요?

보통교육은 대부분 의무교육이고 교원의 양성을 국가에서 하고 있으니까 비슷할 것 같아요. 하지만 교사의 수업 재량권은 차이가 있어요. 우리나라는 국가에서 교육을 주도하다 보니까 교과서를 벗어나는 교육은 어려워요. 여러 다른 나라는 선생님이 교과서를 직접 만들어요. 한 학기 동안 가르칠 내용과 방법을 정하고 평가하는 재량권이 있다고 하더라고요. 예를 들어 1학기 동안 김소월의 시를 바탕으로 시의 심상에 대한 심층 수업을 하고 싶다면 시인에 대한 소개부터 시의 요소, 이미지의 종류 등 자유롭게 가르칠 수 있어야 하는데, 우리나라는 교과서에 딱 정해진 내용만 수업해야 해요. 수능을 봐야 하니까요.

반면에 '신분보장'의 차이가 있어요. 우리나라 국공립학교의 교사는 공무원 신분이에요. 학교장이 교사를 채용하거나 그만두게 할 수 없어요. 외국은 학교장의 재량에 따라 교사를 선택할 수 있죠.

요즘 학생들이 열심히 하는 활동은 무엇인가요?

QUESTION 05

일반 고등학교의 작은 변화 중 하나는 동아리의 활성화예요. 계기는 수시 전형의 비교과 영역 때문이지만 학생들의 다양한 관심과 활동을 요구하는 요청과 맞아 떨어지기 때문이기도 해요. 학내 동아리가 정말 많이 생겼어요. 공식적인 동아리도 있지만 자율 동아리라고 해서 학생들끼리 만들어서 운영할 수도 있어요. 학생들이 주제를 잡아서 토론하는 동아리, 과학 실험 동아리, 자신이 좋아하는 미술, 스포츠와 관련된 동아리, 지역사회와 연계된 봉사 동아리 등 정말 다양해요.

학교 축제가 되면 그 어느 때보다 학생들 눈빛이 반짝거려요. 동아리 회장단의 회의와 학생 자치회는 여러 번에 걸쳐 회의하며 축제를 준비해요. 그런 모습을 보면 학생들이 스스로 할 수 있는 일들이 사실은 더 많고, 학생들의 의지도 강하다는 걸 알 수 있어요. 앞으로 우리 교육은 이렇게 학생 스스로 탐구하고 협의하고 만들어내는 방향으로 나아갈 거예요.

▲ 독서하고 토론하고 글을 쓰는 학생들의 동아리 활동

기억에 남는 학생이 있다면?

QUESTION 06

부모님의 이혼으로 아버지와 둘이 살던 아이가 기억에 남아요. 아침에 지각이 너무 잦아 아침마다 모닝콜을 해주다가 결국은 집 앞까지 가서 매일 함께 등교했어요. 꼭 졸업시키고 싶었거든요. 아이의 아버지가 한번은 학교에 찾아와서 집안 사정을 다 이야기하셨어요. 아이에게 해줄 수 있는 것이 많지 않지만, 학교만큼은 꼭 졸업시키고 싶다고 하시더라고요. 그런데 아버지가 지방에 내려가 집을 비우는 일이 많다 보니 아이의 생활 관리가 제대로 되지 않았죠. 수업 듣는 걸 무척이나 힘들어하고 수업 태도도 바르지 못해 상담실에 부탁해서 여러 번 상담도 받게 했어요. 겨우겨우 출석 일수를 맞춰 졸업할 수 있었는데, 졸업식 날 기뻐하시던 학생의 아버지 모습이 기억나네요.

제게는 15년간 매년 스승의 날이 되면 찾아오거나 연락을 주는 학생이 있어요. 이제는 대학교도 졸업하고 취직해서 결혼하고 아이도 낳았죠. 학교에서 함께 한 기억보다 졸업 후에 쌓은 추억이 더 많은 학생인데, 이제는 가족 같아요. 항상 제 마음 속에 떠올리며 건강하게 잘 살아가기를 바라죠.

변화하는 시대에 교사는 어떻게 대응하는 게 좋을까요?

학생들은 교실에서 얌전히 앉아 있지만 선생님보다 많이 알고 있는 지식도 있고, 그것을 발표하는 표현력도 더 가지고 있어요. 옛날의 선생님은 모든 걸 알고 있어서 우리가 하나부터 열까지 모두 배울 수 있는 존재였다면 이제 그런 구분이 무의미해지고 있어요. 교사라면 학생과 함께 배우고 같이 대화하면서 그것에 담긴 의미를 찾고 가치를 창조해 나가는 마음이 중요할 것 같아요. 시대와 사회의 변화에 동참할 수 있는 유연한 마음도요.

실제로 요즘 교사들은 무엇을 가르치고 어떻게 가르쳐야 하는지를 고민하고 교실에서 새로운 시도도 많이 해요. 국어 지문을 더 잘 가르치기 위해 사회 선생님 또는 과학 선생님이랑 연계해서 진행하는 거죠. 내가 이해한 게 맞는지 해당 과목의 선생님과 다시 확인하고 학생들에게 설명해요. 이렇게 어른인 교사가 먼저 변해야 한다고 생각해요.

교사라는 직업은 언제부터 있었을까요?

QUESTION 08

동서양을 막론하고 과거의 교육은 특수한 집단에서만 이루어졌어요. 조선 시대를 보면 양반이 교육을 받았죠. 집에 가정교사를 두거나 몇몇 사람들이 모임을 만들어서 공부했죠.

누구나 교육받을 수 있도록 공교육을 시작한 국가는 영국이에요. 영국은 국가가 직접 학교를 세우고 교사를 양성했어요. 산업혁명과 시민혁명을 거치면서 변화된 거죠. 이렇게 국가가 직접 교사를 양성하면서 직업으로서의 교사가 탄생했어요. 물론 오래전부터 스승의 개념은 있었지만 학교에서 가르치는 사람이라는 뜻은 아니었어요.

우리나라도 개화기를 거치면서 신교육사상이 일어났고, 모든 국민이 신분이나 남녀의 구별 없이 동등하게 교육을 받을 기회가 확대되었어요. 1894년 갑오개혁 이후 1895년 고종이 '교육 입국 조서'를 반포하면서 새로운 교육이 시작되었죠.

학교폭력에는 어떻게 대응하나요?

예전엔 감히 상상하지도 못했던 일이 일어나기도 해요. 하지만 저는 요즘 학생들의 폭력성이 더 커졌다고는 생각하지 않아요. 자극적인 기사가 많이 나가서 그렇게 느끼는 거죠. 또 폭력에 대한 개념이 바뀌면서 작은 일도 학교폭력이 되기도 하고요.

학교폭력이 심해졌든 아니든 그것보다 학교폭력에 어떻게 접근하느냐가 중요하다고 생각해요. 학교에서는 정말 많은 방법과 프로그램과 캠페인을 통해 학교폭력이 일어나지 않도록 교육하고 있어요. 그런데 우리는 학교폭력에 대해 두려움을 느끼잖아요. 그 이유는 내가 폭력의 피해자라면 어떻게 행동해야 보호를 받을 수 있는지, 가해자는 정당한 처벌을 받을 수 있을지에 대한 확신이 없어서인 것 같아요.

저는 가해 학생에 대해 제대로 된 처벌이 필요하다고 생각해요. 현재 학교에서 폭력이 발생하면 대부분 봉사 처분이 내려지거나 권고 전학 조

치가 취해져요.

　장애를 가진 학생을 여러 학생이 괴롭힌 일이 있었는데 가해 학생들은 장난이라고, 선생님이 오해한 거라고 변명하더군요. 그 일로 사회가 학교폭력에 대해 너무 관대하다는 생각을 하게 되었죠. 학교폭력이 안고 있는 문제는 폭력에 관대한 문화입니다. 잘못했을 때 잘못의 크기만큼 벌을 받는 것이 무엇보다 우선이어야 한다고 생각해요. 그래야 반성과 용서가 있을 것 같아요.

학교를 그만두고 싶은 학생에게 조언한다면?

QUESTION 10

대안 교육과 연결이 잘 되면 좋겠어요. 대안 학교, 또는 치료 센터 등과 인연을 맺으며 '우리 사회가 너를 안고 있어. 너도 우리 사회의 소중한 구성원이야. 학교를 다니고 안 다니고는 개인의 선택이란다. 그러니까 너도 우리에게 소중해.'라고 느낄 수 있었으면 좋겠어요. 그리고 아무것도 포기하지 말라는 말을 해주고 싶어요.

학교를 그만 다니더라도 교육의 문을 닫지 말고 계속 노크하면 좋겠어요. 생각보다 길은 많아요. 학교를 그만두면 모든 인생이 끝나는 것처럼 생각하는 사람들도 있는데, 실제로는 길이 정말 많으니까 배움을 포기하지 않았으면 좋겠어요.

10장에서는?

학생이라면 누구나 공부를 잘하고 싶지 않나요? 오랫동안 공부 잘하는 학생을 보아온 선생님이 여러분에게 공부 잘하는 비결을 알려주신대요.

책을 많이 읽어요

　인간은 본능적으로 책 읽는 즐거움을 타고나는 것 같아요. 어린아이를 지켜보면 대부분 책을 좋아해요. 책은 어떤 지식과 세계를 접하기 가장 쉬운 매체인 것 같아요. 책을 다양하고 즐겁게 읽는 습관으로 이 세계에 대한 풍부한 배경지식을 쌓아 올리고, 그 배경지식으로 인해서 학습 능력이 한 단계 뛰어 올라가는 거죠. 공부를 잘하고 싶다면 관련된 분야의 다양한 책을 읽으라고 조언해 주고 싶어요. 책 읽는 게 어렵다고 느끼는 고등학생들에게 저는 만화책도 좋다고 이야기해요. 초등학생이 읽는 만화책도 좋아요. 우선 책을 읽기 시작하는 노력이 정말 중요하거든요.

책상에 앉아 있는 연습을 해요

　아주 어렸을 때부터 책상에 앉는 연습을 해야 해요. 진부한 이야기로 들릴 수 있겠지만 이 연습 없이는 공부를 오래 하기 힘들어요. 물론 학습은 양보다 질이라서 한 시간을 하더라도 제대로 집중해서 하는 게 중요해요. 그런데 그 한 시간을 제대로 공부하기 위해서는 무수한 연습이 필요해요. 책상과 의자를 아주 편하게 느끼는 연습이라고 조언해 주고 싶어요. 책상이 편하게 느껴지면 자연스럽게 공부하는 습관을 익힐 수 있어요. 어린아이를 키우는 부모님께 저는 책상을 사주라고 권해요. 식탁이나 밥상이 아니라 내 책상에 앉아서 책을 읽고 공부하는 게 좋아요.

잘 먹고 잘 자야 해요

　성적이 안 좋은 학생들의 특징 중 하나가 체력이 약하다는 거예요. 부모님이 놓치는 것 중 하나가 아이의 건강상태예요. 몸이 안 좋아서 집중이 안 되는 건데, 무조건 공부하라고 학원에 보내고 과외 선생님을 붙여요. 미래의 공부 체력을 위해서 어렸을 때는 운동을 많이 하면 좋겠어요. 적어도 초등학교 6학년까지 축구나 농구 등 몸을 많이 쓸 수 있는 운동을 해서 기초체력을 다지는 게 좋아요. 학교에서 공부 잘하는 학생들을 보면 점심시간에 나가서 축구 한 경기를 뛰고 들어와요. 그런데 공부를 못하는 학생들은 쉬는 시간에 게임을 하죠. 체력은 체력대로 나빠져서 몸도 계속 비만해지고요. 그럼 혈액순환이 안 돼서 피곤하니까 수업 시간에는 자는 악순환이 돼요.

자신의 재능을 찾아요

　공부는 재능이라고 생각해요. 제가 아무리 좋은 선생님께 훌륭한 레슨을 받고 많이 연습을 해도 김연아가 될 수는 없어요. 공부도 그래요. 부모님도 학생도 그걸 인정하면 좋겠어요. 공부의 재능을 찾았다면 공부를 하고, 다른 재능을 찾았다면 그걸 하면 돼요.

　저는 학생들 스스로 재능을 찾는 과정이 중요하다고 생각해요. 자기가 뭘 좋아하고, 잘하는지 모를 수도 있어요. 모르면 어때요, 천천히 찾으면 되지. 그런데 재능이 무엇인지 어떤 직업을 가져야 하는지 정해야 한다고 생각하고 다른 사람에게 물어요. 자신도 모르는 걸 어떻게 다른 사람이 알겠어요. 그러니 천천히도 좋으니까 자신이 좋아하는 것, 싫어하는 것을 스스로 생각해서 찾아가면 좋겠어요.

교육받는 건 의무가 아니라 권리예요!

　인생을 살아가는데 필요한 소양을 배우는 건 내가 반드시 누려야 하는 권리예요. 저절로 주어진 권리가 아니라 역사 속에서 많은 사람이 싸워서 얻어낸 아주 특별하고 소중한 권리요. 유엔아동권리협약 제28조 교육받을 권리에 '아동은 교육을 받을 권리가 있어서 모든 아동은 초등교육을 받을 수 있어야 하고, 원하는 경우 능력에 따라 고등교육을 받을 수 있어야 하며, 모든 학교는 아동을 존중하는 방식으로 운영되어야 한다'고 명시되어 있어요.

　그래서 난민 학생들도 교육을 받을 권리가 있어요. 저도 몽골 학생을 가르친 적이 있어요. 부모님 두 분 다 불법 체류자여서 걸리면 바로 추방되는 상황이었죠. 그렇지만 정규교육을 받았어요. 교육받을 권리가 있으니까요.

　그런데 혹시 내가 공부할 권리를 누리고 있다고 생각하는 게 아니라 대학에 가기 위해 또는 부모님의 꿈을 실현하기 위해 공부를 의무라고 생각하는 학생이 있나요? 그렇게 생각한다면 너무 슬픈 일이에요. 학생 시절은 자기가 뭘 좋아하는지 찾아내는 탐색의 시간이라고 생각하면 좋겠어요. 내가 뭘 좋아하는지, 내가 살아갈 세상이 어떻게 생겼는지, 어떤 사람들이 살고 있는지 생각하고 상상하고 실험하는 소중한 시절이 될 거예요.

나는 어떤 재능을 가지고 있을까, 궁금한가요?
자기가 뭘 좋아하는지, 뭘 싫어하는지, 뭘 잘하는지,
뭘 잘 못하는지 스스로 생각해보세요.
그 과정에서 자신의 재능을 발견할 수 있을 거예요.
잘 모르면 어때요, 지금부터 천천히 찾으면 되지!

#1. 교사의 일터

▲ 교사가 학교에서 가장 많은 시간을 보내는 곳이 교무실과 교실이에요.

#2. 수업 준비

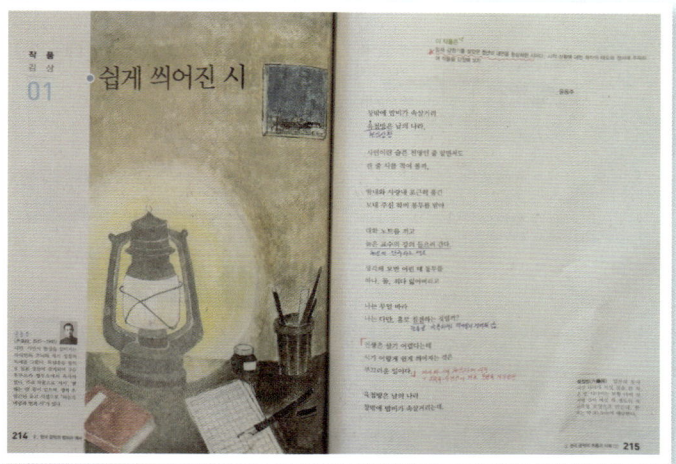

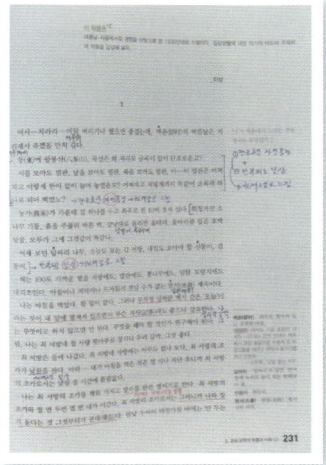

▲ 매 학년, 매 학기 가르치는 내용이 달라서 수업 준비는 철저히 해야 해요.

#3. 수업

▲ 교사에게 가장 중요한 일은 학생들을 가르치는 거예요. 학교에서는 교사의 지도 아래 다양한 수업이 진행되죠.

#4. 학교 축제

▲ 학교 축제는 학생들이 스스로 준비해서 만들어요. 아이들이 가장 기다리는 학교 행사죠.

#5. 다채로운 학교 생활

▲ 학교 안에서 다양한 활동으로 즐거워하는 아이들을 보는 건 참 행복해요.

#6. 스승의 날

▲ 마음과 마음을 모아 스승의 날 행사를 열어준 아이들! 사랑한다, 얘들아~

초등학생의 진로와 직업 탐색을 위한 잡프러포즈 시리즈 33

중등교사는 어때?

2023년 11월 27일 | 초판 1쇄

지은이 | 김선미
펴낸이 | 유윤선
펴낸곳 | 토크쇼

편집인 | 박성은
표지 디자인 | 이희우
본문 디자인 | 책읽는소리
마케팅 | 김민영

출판등록 2016년 7월 21일 제2019-000113호
주소 | 서울시 마포구 월드컵북로98, 2층 202호
전화 | 070-4200-0327
팩스 | 070-7966-9327
전자우편 | myys327@gmail.com
ISBN | 979-11-92842-63-9(73190)
정가 | 13,000원

이 책의 저작권은 저자와 출판사에 있습니다.
서면에 의한 저자와 출판사의 허락 없이 책의 전부 또는 일부 내용을 사용할 수 없습니다.